MAÎTRE CUISTOT SUR UN ARBRE PERCHÉ

de Romain Drac et Christian Jolibois
illustré par Gaëlle Le Bourvellec

Chapitre 1

Chang Siu avait 11 ans lorsque commence cette histoire. C'était un garçon heureux. Il vivait dans la province du Kiang-si située au sud de la Chine. À la mort de ses parents, il avait été recueilli par son oncle et sa tante. Ils habitaient, loin du village, une petite maison de brique au pied d'un cèdre gigantesque.

Chang Siu aidait ses parents adoptifs à travailler la terre. C'est lui qui, en sifflotant, menait la paire de bœufs pendant que son oncle guidait la charrue ; lui encore qui chantait en repiquant le riz aux côtés de sa tante.

Le grand cèdre était pour Chang Siu comme un ami. Il jouait entre ses racines et se réfugiait dans la cabane qu'il avait construite entre ses branches. Il lui parlait, lui racontait ses joies et ses petits chagrins. Ce jour-là, il lui disait :

– Je vais devoir te quitter. Mon oncle et ma tante attendent un bébé. Mais ils ne sont pas très riches, et leur lopin de terre ne pourra jamais nourrir quatre personnes.

Le grand cèdre répondit : « Je comprends » en abaissant ses branches sous le vent. Chang Siu poursuivit :

– Je suis grand maintenant, alors je vais aller en ville pour trouver du travail. Qu'en dis-tu ?

Pour toute réponse, le cèdre lui laissa tomber un de ses fruits sur la tête. Chang Siu ramassa le cône, se mit à rire et donna une claque amicale sur le tronc :

– Tu as raison, j'ai la tête dure et quand j'ai une idée, je vais jusqu'au bout.

Un mois plus tard, à l'ombre du cèdre, Chang Siu, sac sur l'épaule, faisait ses adieux. Son oncle et sa tante étaient tristes de le voir partir.

– Ta bonne humeur nous manquera beaucoup, dit sa tante en le serrant dans ses bras.

Son oncle, en cadeau d'adieu, lui offrit un jeune cèdre dans un pot.

– Tu es courageux, Chang Siu, dit-il. Comme cet arbre de Chine, ailleurs tu reprendras racine.

Chang Siu embrassa son oncle et sa tante, salua une dernière fois le grand cèdre et partit pour Shanghai.

Chapitre 2

Chang Siu marcha le long de la voie de chemin de fer. Il profita de ce qu'un train dût ralentir dans une courbe pour grimper en marche dans un wagon de marchandises.

En arrivant à Shanghai, Chang Siu fut bien vite déçu. Il n'y avait pas de travail. Le soir venu, son cèdre sous le bras, il errait sur les quais du port lorsqu'une voix semblant tomber du ciel lui demanda :

– Hé ! petit, je veux acheter ton cèdre !

Accoudé au bastingage d'un énorme cargo, un étranger lui faisait signe de monter.

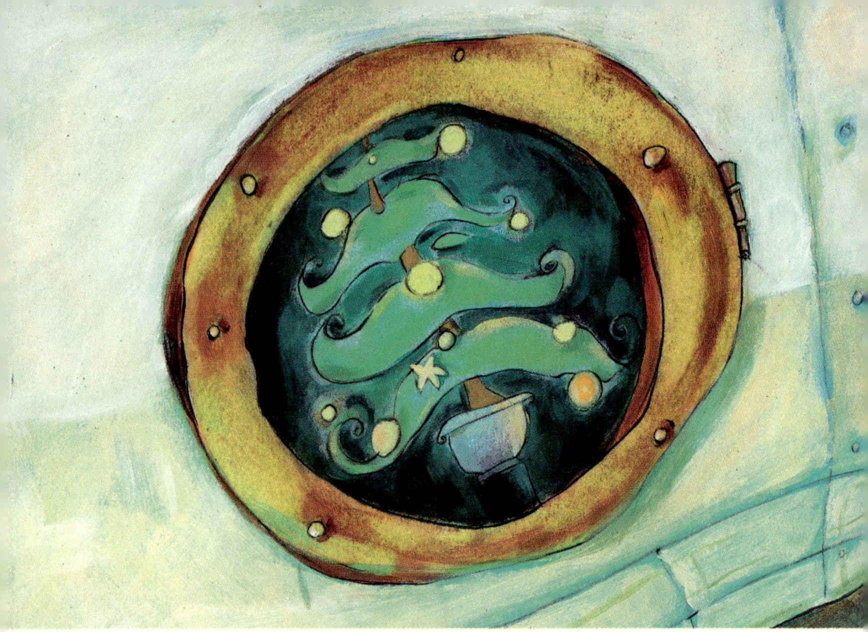

Chang Siu, au pied de la passerelle, dit :

– Il n'est pas à vendre, ce n'est pas un arbre ordinaire.

– Je suis le capitaine de ce navire, petit, dit l'homme. Dans deux jours c'est Noël, et j'ai besoin de ton sapin.

– Mais il n'est pas à vendre, répéta le jeune garçon.

– Eh bien, prête-le moi, proposa le capitaine.

– D'accord, je vous le prête mais, en échange, donnez-moi du travail.

– Tu m'as l'air dégourdi, dit en riant le capitaine. Marché conclu, allez, monte !
Et c'est ainsi que Chang Siu trouva à s'embarquer.
Pendant que son cèdre décorait la salle des cartes, pour la plus grande joie de l'équipage, Chang Siu gagnait de l'argent en lavant le pont, en nettoyant les hublots et en astiquant les cuivres.

François, le vieux cuisinier français, lui fit récurer les marmites et éplucher les légumes. Peu à peu il le prit en sympathie. Chang Siu, avec l'accord du capitaine, se trouva bientôt promu aide-cuisinier.
Les mois passaient. Dans un livre de recettes, François lui apprit les subtilités de la cuisine et de la langue française.
– Alors, je prends le poil dans la main…
– Non, Chang Siu, on dit « la poêle », que l'on pose sur le poêle en faisant attention de ne pas se griller les poils, compris ?

– Au poil !

Les journées longues et fatigantes n'enlevaient au garçon ni sa gaîté ni sa confiance.

Le soir, avant de s'endormir, il vérifiait si le cèdre avait assez d'eau et s'il ne risquait pas de tomber sous un coup de roulis ou de tangage.

Le jour où le vieux François prit sa retraite, tout naturellement, Chang Siu le remplaça aux fourneaux.

Pendant dix ans Chang Siu sillonna toutes les mers sur le vieux cargo. Le jeune garçon était devenu un jeune homme solide, endurci par la vie de marin. Il n'était pas le seul à avoir grandi. Son cèdre mesurait maintenant plus de deux mètres de haut. Les racines débordaient du pot. Il était temps de trouver une terre où le planter. D'autant plus que le capitaine venait de dire au jeune Chinois :

– Il va falloir te débarrasser de cet arbre, il occupe une cabine à lui tout seul.

– Mais, capitaine, vous savez bien que ce n'est pas un arbre comme les autres.

Le capitaine comprit qu'il perdrait bientôt son cuisinier.

– Toi et ton arbre, vous allez nous manquer, dit-il, surtout à Noël.

Chapitre 3

Chang Siu débarqua à Marseille au mois de juillet. Il descendit la passerelle, son sac de marin à l'épaule et les bras encombrés du cèdre de Chine.

– Té ! le père Noël est en avance cette année, dit une petite fille, et en plus il est chinois.
Ce qui fit rire tous les clients du bar de la Marine.
Chang Siu se présenta au service de l'immigration. On lui demanda son nom, puis on le prit en photo de face et de profil, de dessus, de dessous, de derrière ; on lui fit poser les doigts sur un tampon encreur

pour prendre ses empreintes. Il pensait en avoir fini quand un infirmier lui annonça :
– Il reste les vaccinations, monsieur.
Ensuite quelqu'un lui remit un ticket portant le numéro 620 et lui dit d'attendre son tour. Il avait passé toute la journée dans la salle d'attente quand enfin on appela le numéro 620.

Il se leva, prit son cèdre et se dirigea vers le guichet. Il fut reçu par un monsieur fort aimable qui lui dit :

– Soyez le bienvenu, monsieur Chang Siu, je suis le secrétaire de l'immigration, que pouvons-nous faire pour vous ?

– Pour moi, rien, répondit Chang Siu, c'est pour mon arbre : je voudrais un coin de terre pour le planter.

– Un coin de terre ? s'étonna le secrétaire, attendez-moi un instant, je vais en parler à mes collègues.

Il se leva et, laissant Chang Siu devant le guichet, rejoignit ses collègues dans un bureau voisin.

– Vous savez ce que l'on vient de me demander ? De la terre ! Un Chinois veut planter un arbre ici...

Le chef de bureau n'en revenait pas !

– J'ai une idée, dit le secrétaire en saisissant une feuille de papier : un coup de tampon par-ci, un par-là, et voilà le travail, ça fait sérieux comme ça !

Le comptable approuva :

– Oui ! Ça m'a l'air tout à fait en règle

pour quelqu'un qui veut un petit coin de terre. Vraiment un tout petit coin…

Tout le bureau éclata de rire sauf une jeune femme assise derrière son ordinateur.

– Je vous trouve bien méchants, dit-elle, on ne s'amuse pas de la détresse des gens comme vous le faites.

Le secrétaire, agitant le papier tamponné, lui répondit :

– Méchants, nous ? Il voulait de la terre, on lui donne de la terre.

Le secrétaire retourna vers le jeune Chinois :

– Notre commission a décidé de vous octroyer un terrain dont voici l'acte de propriété.
Chang Siu se confondit en remerciements, en souhaitant mille bonheurs à l'employé qui avait du mal à contenir son hilarité.
Chang Siu lut l'adresse de sa propriété et demanda son chemin à un agent de police.
– Pouvez-vous m'indiquer la colline de la Farigoule ?
– Oh ! mon pôvre, vous n'êtes pas arrivé, surtout avec l'arbre que vous portez. Té ! vous continuez tout droit, c'est à la sortie de la ville.

Il finit par découvrir sa propriété dans un terrain vague, en soulevant un vieux sommier. Son terrain était si petit qu'on pouvait faire le tour du propriétaire en quatre enjambées. Chang Siu comprit qu'on s'était moqué de lui.

Mais il en fallait plus pour décourager un paysan du Kiang-si. Il regarda la ville par-delà l'autoroute voisine et, souriant, dit :

– Merci, honorables étrangers, pour ce généreux cadeau de bienvenue.

Chang Siu était chez lui, sur sa terre. Il dormit sur le vieux sommier, bercé par le vacarme de l'autoroute, son acte de propriété soigneusement caché sous la chemise.

CHAPITRE 4

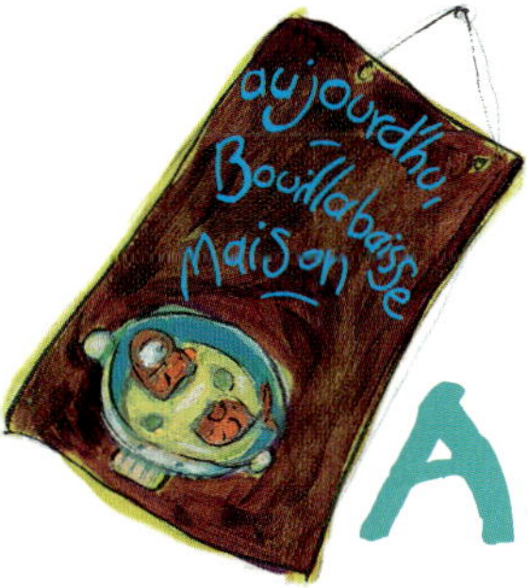

Au matin, il se mit à l'ouvrage, nettoya son terrain, le retourna et y planta le cèdre que lui avait donné son oncle.

Chang Siu trouva du travail dans un restaurant. Il en devint très vite le chef cuisinier. Car, au cours de ses voyages, il avait appris des recettes du monde entier.

Grâce à lui, le restaurant avait pu varier ses menus. Le lundi on mangeait africain, le mardi était espagnol, le mercredi grec, le jeudi on dégustait des plats brésiliens, le vendredi les poissons étaient préparés à la mode japonaise et le samedi Chang Siu faisait la vraie bouillabaisse marseillaise.

Il revenait tous les soirs sur sa terre se reposer au pied de son arbre. Les années passaient. Le cèdre était maintenant un très grand arbre. Un dimanche, Chang Siu grimpa au sommet du cèdre. Tout là-haut, en contemplant Marseille, il eut une idée. Avec l'aide de quelques amis, il réalisa son projet. Et bientôt, depuis l'autoroute, les automobilistes étonnés découvrirent un superbe restaurant chinois niché entre les branches du cèdre.

À quinze kilomètres à la ronde, on pouvait voir briller l'enseigne :

« Au Cèdre de Chine ».

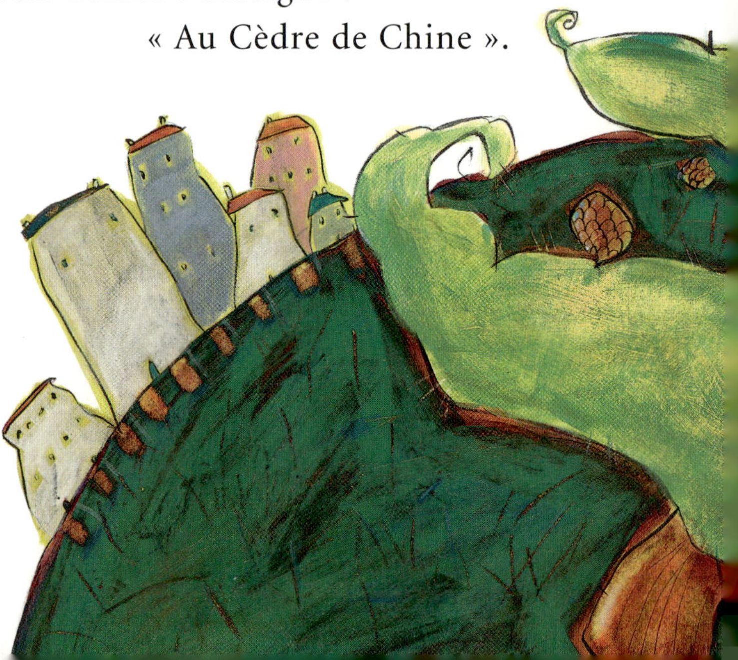

L'originalité de ce restaurant et la qualité de sa cuisine en firent très vite un lieu à la mode. On devait retenir sa table trois semaines à l'avance pour avoir le privilège de grimper aux branches et de s'installer dans la ramure.

– Allô, le « Cèdre de Chine » ? Je voudrais réserver une branche pour quatre personnes.

– Il nous en reste une au sommet mais… il va falloir vous accrocher, on annonce du mistral !

Mais qu'il vente ou qu'il pleuve, pour les Marseillais, il était du dernier chic de rentrer de soirée, les vêtements déchirés, en disant :

– Nous avons dîné au « Cèdre de Chine », c'était divin !

Chapitre 5

Un jour, un bruit de moteur assourdissant affola la clientèle du « Cèdre de Chine ». Toute la salle se précipita vers les balcons.

Une équipe de bûcherons venait de mettre en marche ses tronçonneuses. Chang Siu descendit de son arbre pour avoir une explication. Le chef d'équipe lui dit :

– Nous avons ordre de couper cet arbre pour construire une bretelle d'autoroute.

– Vous ne pouvez pas, cet arbre m'appartient, s'indigna Chang Siu, il est sur mon terrain !

Chang Siu sortit l'acte de propriété. Le chef d'équipe éclata de rire.

– Ce papier n'a aucune valeur, dit le chef d'équipe. On s'est moqué de vous. Allez, ouste ! écartez-vous, que je fasse mon travail.

Pour la première fois de sa vie, Chang Siu douta de sa bonne étoile : on allait couper son cèdre ! Déjà une tronçonneuse entamait l'écorce quand un des clients, un vieux monsieur, se pencha au balcon et vida une soupière sur la tête du bûcheron.

L'homme s'enfuit en hurlant, aveuglé par sa perruque de vermicelles chinois. À ce signal, tous les clients se mirent à bombarder les bûcherons de rouleaux de printemps, de pousses de bambou et de riz cantonais.

– Ne touchez pas à ce cèdre, malheureux, criait le vieux monsieur. Ce que vous appelez un arbre, ignorants, est un *Cedrus unicus* !

Chang Siu dit au vieil homme :

– Je vous remercie, vous venez de sauver mon cèdre. Mais ils vont revenir.

– Ils ne reviendront pas, dit le vieux monsieur. Je me présente : professeur Balthazar Palomar. Monsieur Chang Siu, savez-vous que votre cèdre est l'un des rares exemplaires d'une espèce qu'on croyait disparue ?

Chang Siu sourit et dit :

– Je savais que le cadeau de mon oncle était précieux.

Chang Siu fit servir à tous du thé au jasmin et des gâteaux au gingembre et, devant les clients qui faisaient cercle autour de lui, il raconta l'histoire de son cèdre porte-bonheur. Il avait à peine terminé que la fumée d'un gros camion fit bondir le professeur de sa chaise.

le Cèdre de CHINE

– Ce n’est pas l’arbre qui gêne l’autoroute, mais l’autoroute qui empoisonne l’arbre ! Il faut absolument faire quelque chose pour ce cèdre…

Pour montrer qu’il était d’accord, le cèdre lui fit tomber un fruit sur la tête.

– Ce cèdre a tout compris, s’esclaffa le professeur, en donnant une claque amicale sur le tronc. Moi, j’ai la tête dure et quand j’ai une idée, je vais jusqu’au bout.

Quelques jours plus tard, Chang Siu, rassuré, apprit que le projet de bretelle était abandonné. Et c’est ainsi que pour la première fois au monde, on vit une autoroute céder la priorité à un arbre.

Loi 49.956 du 16.07.1949
Dépôt légal : 3e trimestre 1999
ISBN : 2-84113-900-X
Imprimé en France par Pollina - N° 77979 G